国家数字图书馆工程标准规范成果

国家图书馆电子连续性资源
元数据规范与著录规则

张建勇　梁蕙玮　主编

國家圖書館出版社

图书在版编目（CIP）数据

国家图书馆电子连续性资源元数据规范与著录规则/张建勇，
梁蕙玮主编. --北京:国家图书馆出版社,2014.12
（国家数字图书馆工程标准规范成果）
ISBN 978 - 7 - 5013 - 5472 - 6

Ⅰ.①国… Ⅱ.①张… ②梁… Ⅲ.①中国国家图书馆—电子图
书—连续出版物—数据管理—规范②中国国家图书馆—电子图书—
连续出版物—著录规则 Ⅳ.①G255.75 - 65

中国版本图书馆 CIP 数据核字（2014）第 234279 号

书　　名	国家图书馆电子连续性资源元数据规范与著录规则	
著　　者	张建勇　梁蕙玮　主编	
丛 书 名	国家数字图书馆工程标准规范成果	
责任编辑	高　　爽	

出　　版　　国家图书馆出版社(100034　北京市西城区文津街 7 号)
　　　　　　　（原书目文献出版社　北京图书馆出版社）
发　　行　　010 - 66114536　66126153　66151313　66175620
　　　　　　　66121706（传真）,66126156（门市部）
E-mail　　btsfxb@ nlc. gov. cn(邮购)
Website　　www. nlcpress. com ──→投稿中心
经　　销　　新华书店
印　　装　　北京科信印刷有限公司
版　　次　　2014 年 12 月第 1 版　2014 年 12 月第 1 次印刷

开　　本　　880×1230（毫米）　1/32
印　　张　　3.125
字　　数　　80 千字

书　　号　　ISBN 978 - 7 - 5013 - 5472 - 6
定　　价　　35.00 元

本书编委会

主　编：张建勇　梁蕙玮

编　委：刘　峥(中科院)　廖　凤　邱玉婷　曾　燕

　　　　萨　蕾　王　洋　刘　峥(国图)　　刘小玲

　　　　曹　宁　贺　燕　槐　燕　李成文　孟丽娟

总　　序

　　数字图书馆涵盖多个分布式、超大规模、可互操作的异构多媒体资源库群,面向社会公众提供全方位的知识服务。它既是知识网络,又是知识中心,同时也是一套完整的知识定位系统,并将成为未来社会公共信息的中心和枢纽。数字图书馆建设的最终目标是实现对人类知识的普遍存取,使任何群体、任何个人都能与人类知识宝库近在咫尺,随时随地从中受益,从而最终消除人们在信息获取方面的不平等。"国家图书馆二期工程暨国家数字图书馆工程"是国家"十五"重点文化建设项目,由国家图书馆主持建设,其中国家数字图书馆工程的建设内容主要包括硬件基础平台、数字图书馆应用系统和数字图书馆标准规范体系。

　　标准规范作为数字图书馆建设的基础,是开发利用与共建共享资源的基本保障,是保证数字图书馆的资源和服务在整个数字信息环境中可利用、可互操作和可持续发展的基础。因此,在数字图书馆建设中,应坚持标准规范建设先行的原则。国家数字图书馆标准规范体系建设围绕数字资源生命周期为主线进行构建,涉及数字图书馆建设过程中所需要的主要标准,涵盖数字内容创建、数字对象描述、数字资源组织管理、数字资源服务、数字资源长期保存五个环节,共计三十余项标准。

在国家数字图书馆标准规范建设中,国家图书馆本着合作、开放、共建的原则,引入有相关标准研制及实施经验的文献信息机构、科研机构以及企业单位承担标准规范的研制工作,这就使得国家数字图书馆标准规范的研制能够充分依托国家图书馆及各研制单位数字图书馆建设的实践与研究,使国家数字图书馆的标准规范成果具有广泛的开放性与适用性。本次出版的系列成果均经过国家图书馆验收、网上公开质询以及业界专家验收等多个验收环节,确保了标准规范成果的科学性及实用性。

　　目前,国内数字图书馆标准规范尚处于研究与探索性应用阶段,国家图书馆担负的职责与任务决定了我们在数字图书馆标准规范建设方面具有的责任。此次将国家数字图书馆工程标准规范研制成果付梓出版,将为其他图书馆、数字图书馆建设及相关行业数字资源建设与服务提供建设规范依据,对于推广国家数字图书馆建设成果、提高我国数字图书馆建设标准化水平、促进数字资源与服务的共建共享具有重要意义。

国家图书馆馆长　周和平

2010 年 8 月

2

目　　录

前　　言

　　电子连续性资源是指以数字形式制作、出版、存取和使用的连续性资源,包括连续出版的电子期刊、电子年鉴、电子报纸、会议录及科技报告。连续性资源在发展过程中形成了自己的特点,在科学文化传播中发挥着重要的作用。连续性资源一直是图书馆收藏的重点,在数字时代电子连续性资源依然是图书馆的核心馆藏资源。如何有效描述和组织电子连续性资源,全面揭示连续性资源的内容要素和形式特征,成为人们有效发现及获取资源的关键。当前世界范围内已经出台了多种元数据标准规范来描述、管理电子连续性资源。为了更好地组织和揭示图书馆的资源,满足本单位在元数据方面的应用需求,国家图书馆制订了系统的元数据项目规划与实施计划。本书就是"国家图书馆专门元数据标准与著录规范"项目的成果之一,在充分利用国际的相关元数据研究应用成果的基础上,根据国家图书馆的应用需求,编写了电子连续性资源的元数据规范与著录规则,满足国家图书馆和相关机构对电子连续性资源的描述、定位、检索、管理和利用的功能,以促进图书馆电子连续性资源的管理和服务的有效集成。

　　本书的基本内容包括三部分,即电子连续性资源元数据规范、电子连续性资源元数据著录规则和著录样例。电子连续性资源的元数据规范遵循了描述元数据的两层基本结构:核心元素和电子连续性资源个别元素,其中包括 14 个核心元素和 2 个电子连续性资源个别元素,大部分元素扩展了元素修饰词和编码体系修饰词。规范主要是针对电子连续性资源的通用性元素进行设计,如需要描述特定类型的元素,可以在本元数据框架的基础上进行扩展。本书编写过程中同时参考了国家标准 GB/T 25100—2010《信息与文献——都柏林核心元数据元素集》、ANSI/NISO Z39.85—2007《都柏林核心元数据元素集》(ISSN:1041－5635)、都柏林核心元数据计划(The Dublin Core Metadata Initiative, DCMI)发布的《都柏林核心元数据元素集》1.1 版(2008－01－14)、RFC 5013《都柏林核心元数据元素集》,以及科技部科技基础性工作专项资金重大项目《我国数字图书馆标准规范建设》子项目《专门数字对象描述元数据规范》的研究成果。

电子连续性资源元数据著录规则是为了更好地理解和操作电子连续性资源的元数据规范编写的指南性文档,详细规定了电子连续性资源的著录原则、著录内容、著录单元、著录信息源和著录项目、文字和符号等。根据该著录规则用户即可选择需要著录的最小资源对象,选择合适元素去描述该资源,同时可根据该规则来确定信息源和著录用文字和符号等。样例数据为用户提供直观的数据描述样本,有利于用户对电子连续性资源元数据规范和著录规则的理解。

第一部分由张建勇、廖凤、刘峥(中科院)负责撰写,第二部分及附录由张建勇、邱玉婷、曾燕负责撰写,梁蕙玮、萨蕾负责对全稿修改审核。曹宁、王洋、刘峥(国图)、刘小玲、贺燕、槐燕、李成文、孟丽娟在本书的撰写过程中提出了修改意见并参与修改。

本书在成书的过程中,得到了国家图书馆业务处的大力帮助,也得到了国家图书馆出版社的支持,在此一并致谢。

编者
2014 年 9 月

第一部分　国家图书馆电子连续性资源元数据规范

研制说明

本标准为国家图书馆电子连续性资源元数据标准规范。

本标准遵循《国家图书馆专门元数据设计规范》《国家图书馆核心元数据标准》《国家图书馆管理元数据标准》，同时参考了国际标准 ISO 15836：2009《信息与文献—都柏林核心元数据元素集》、ISO 639—2《语种名称代码表》等。

本标准在分析国家图书馆电子连续性资源的基础上，从电子连续性资源的描述、定位、检索和管理等功能出发，设计了适用于电子连续性资源描述的最小元素集合，共设置了 16 个元素和 30 个修饰词，并对每个元素和元素修饰词进行定义与描述。

1 范围

国家图书馆电子连续性资源元数据标准是国家图书馆关于电子连续性资源描述的标准,是根据电子连续性资源的共同特点确定的元数据描述集合。通过元数据的描述实现对电子连续性资源的描述、定位、检索、管理和利用的功能。

本标准保持与国家数字图书馆数字资源元数据总则、唯一标识符、对象数据、长期保存的相关标准和项目成果的一致性以及与科技部《我国数字图书馆标准与规范建设》、CALIS《中国高等教育数字图书馆技术标准与规范》等标准规范合理的一致性。

综合考虑国家图书馆的资源现状和资源特征,将本标准适用范围限定在国家图书馆以数字形式收藏的连续性出版物资源,包括连续出版的电子期刊、电子年鉴、电子报纸、会议录及科技报告。本标准仅定义"电子连续性资源"的元素/修饰词集。

本标准主要是针对国家图书馆电子连续性资源的通用性元素进行设计,如需要描述特定类型的元素,可以在本标准元数据框架的基础上进行扩展。

2 规范性引用文件

下列文件中的条款通过本规范的引用而成为本规范的条款。凡是注明日期的引用文件其随后所有的修改(不包括勘误的内容)或修订版均不适用于本规范,然而,鼓励根据本规范达成协议的各方研究是否可使用这些文件的最新版本。凡是不注明日期的引用文件,其最新版本适用于本规范。

DCMI Abstract Model. [DCMI]

DCMI 抽象模型[DCMI]

< http://dublincore. org/documents/abstract-model >

DCMI Metadata Terms. [DCMI-TERMS]

DCMI 元数据术语集[DCMI-TERMS]

< http://dublincore. org/documents/dcmi-terms/ >

ISO 639—2 Codes for the representation of names of languages. Alpha-3 code. [ISO639—2]

ISO 639—2 语种名称代码表:3 位代码[ISO639—2]

< http://www. loc. gov/standards/iso639-2/ >

Date and Time Formats, W3C Note. [W3CDTF]

日期与时间格式,W3C 注释[W3CDTF]

< www. w3. org/TR/NOTE-datetime >

Universal Resource Identifiers. (URI):Generic Syntax. [RFC3986]

统一资源标识符(URI):通用句法[RFC3986]

< www. ietf. org/rfc/rfc3986. txt >

3 术语和定义

3.1 都柏林核心元数据计划 Dublin Core Metadata Initiative, DCMI

都柏林核心元数据元素集的维护机构。

4

3.2 元数据 metadata

关于信息资源或数据的一种结构化的数据。

3.3 描述元数据 descriptive metadata

对信息资源本身的内容、属性、外在特征进行描述的元数据。

3.4 元素 element

元数据集合中用于定义和描述数据的基本单元,由一组属性描述、定义和标识,并允许对值进行限定。

3.5 修饰词 qualifier

当元素无法满足对资源对象的精确描述需要时进一步扩展出的术语。修饰词包括两种类型:元素修饰词和编码体系修饰词。

3.6 元素修饰词 element refinement

对元素的语义进行修饰,提高元素的专指性和精确性。

3.7 编码体系修饰词 encoding scheme

用来帮助解析某个术语值的上下文信息或解析规则。其形式包括受控词表、规范表或者解析规则。

3.8 规范文档 authority file

说明著录元素内容时依据的各种规范。

3.9 核心元素 core element

使用频率高的、共性的、可用于不同类型的信息资源描述的元数据元素。参考 ISO 15836:2009 中的 15 项元素确定。

3.10　个别元素　unique element

为某一特定的资源对象设计的,仅适用于这类对象的元素,不用于交换。

3.11　连续性资源　continuing resources

连续性资源包括连续出版物(Serials)和集成性资源(Integrating Resource)。连续出版物连续出版发行,通常含有卷期标识,且没有事先决定的停刊年,包括期刊、报纸、年刊(年鉴、指南等)、系列报告、系列会议录、科学进展、团体会刊及有编号的专著丛编。集成性资源通过发行补充资料来增加或更新内容,但所补充资料的内容通常被并入原版内而无法区分独立的刊期部分,如活页出版物、更新型网站及数据库等。

3.12　电子连续性资源　electronic continuing resources

电子连续性资源是指以数字形式制作、出版、存取和使用的连续性资源,一般以磁性或电子载体为存储载体,并借助一定的阅读软件和设备读取。从内容类型来看包括了电子形式的连续性出版物和集成性资源,本标准中的电子连续性资源仅指连续性出版物,不适用于连续集成性资源。

4　电子连续性资源元数据基本结构

电子连续性资源的元数据规范遵循了描述元数据的两层基本结构:核心元素和电子连续性资源个别元素,其中包括14个核心元素和2个电子连续性资源个别元素,大部分元素扩展了元素修饰词和编码体系修饰词。

其中,核心元素均以"元数据方案:元素名称""元数据方案:元素名称.修饰词名称"的标准格式注明来自 DC 元数据标准,以及来源元素和来源修饰词的名称。在电子连续性资源个别核心元素中,凡有出处的元素也都以同样的格式注明出处。

表 1-1　电子连续性资源元素、修饰词列表

元素	元素修饰词	编码体系修饰词	复用其他元数据标准
核心元素			
题名			dc:title
	其他题名		dcterms:alternative
创建者			dc:creator
	责任方式		
主题			dc:subject
	分类号	中国图书馆分类法(CLC) 杜威十进分类法(DDC) 国会图书馆分类法(LCC) 国际十进分类法(UDC) 中国科学院图书馆图书分类法(LASC)	
	主题词	美国国会图书馆主题词(LCSH) 医学主题词表(MeSH) 汉语主题词表(CT) 中国分类主题词表(CCT)	
	关键词		
描述			dc:description
	附注		

续表

元素	元素修饰词	编码体系修饰词	复用其他元数据标准
出版者			dc:publisher
	出版地		
其他责任者			dc.contributor
	责任方式		
日期		W3C – DTF	dc:date
	开始日期	W3C – DTF	
	终止日期	W3C – DTF	
类型			dc:type
格式		IMT	dc:format
	资源载体		dcterms:medium
标识符		统一资源标识符(URI) 数字对象唯一标识符(DOI) 国际标准连续出版物编号(ISSN) 国际标准图书编号(ISBN) 电子期刊的国际标准连续出版物号(EISSN) 国际 CODEN 组织分配的连续出版物代码(CODEN) 国内统一书刊号(CN) 中国国家图书馆数字对象唯一标识符(CDOI)	dc:identifier
语种		ISO 639—2	dc:language
关联		URI、ISSN、DOI	dc.relation
	包含	URI、ISSN、DOI	dcterms:hasPart
	包含于	URI、ISSN、DOI	dcterms:isPartOf

元素	元素修饰词	编码体系修饰词	复用其他元数据标准
关联	继承	URI、ISSN、DOI	
	被继承	URI、ISSN、DOI	
	吸收	URI、ISSN、DOI	
	被吸收	URI、ISSN、DOI	
	合并	URI、ISSN、DOI	
	与……合并	URI、ISSN、DOI	
	分解成	URI、ISSN、DOI	
	分解自	URI、ISSN、DOI	
	其他版本	URI、ISSN、DOI	dcterms：hasVersion
	原版本	URI、ISSN、DOI	dcterms：isVersionOf
	参照	URI、ISSN、DOI	dcterms：references
	被参照	URI、ISSN、DOI	dcterms：isReferencedBy
	其他格式	URI、ISSN、DOI	dcterms：hasFormat
	原格式	URI、ISSN、DOI	dcterms：isFormatOf
来源		URI、DOI	dc：source
权限			dc：rights
	版权拥有者		dcterms：rightsHolder
	使用权限		dcterms：accessRights
个别元素			
出版频率			
馆藏信息	馆藏范围		

5 元素集及元素定义说明

在本标准中,元素名称为小写英文(命名域中多词连写时,第二个以后的单词首字母大写),当名称为两个或两个以上英文单词时,词间应空格,以便于计算机标记和编码,并保证与其他语种的元数据标准(如 DC)应用保持语义一致性;标签为中文,便于人们阅读。

根据 DCMI 命名域[DCMI-NAMESPACE],元素名("name")应附加于 DCMI 命名域的 URI 后,构成统一资源标识符,作为该元素的全球性唯一标识符。根据 DCMI 命名域政策和编码指南的解释以及本标准的应用,所有元素均给出了国家图书馆统一资源标识符(URI)。

本标准所有元素/修饰词均为非限制性使用,如果在特定的项目或应用中使用,可进行必要的扩展,并增加使用说明。本标准中的元素描述及示例中涉及扩展描述。

本标准中的标签只是元素名的一个语义属性,在具体的应用领域,为突出资源的个性和元数据的专指性,更好地体现该元素在具体应用中的语义,允许赋予其适合的标签,但语义上与原始定义不允许有冲突、不允许扩大原始的语义。

本标准定义的所有元素与顺序无关。同一元素多次出现,其排序可能是有意义的,但不能保证排序会在任何系统中保存下来。

建议特定项目或应用中的其他元数据规范建立与本元素集的映射以便数据转换,以本标准中的元素集为核心扩展元素应遵循元数据设计规范,以保证不同类型资源对象的元数据规范间的互操作性。

为促进全球互操作,元素/修饰词的值取自受控词表。同样,为了某些特定领域内的互操作性,也可以开发利用其他受控词表。

为了便于理解与使用,每一元素后增加一些示例,说明具体用法,但元素的使用不限于示例所举。

为规范元数据标准中元素及修饰词等术语的定义,本标准所有元素术语的定义借鉴 DCMI 术语的定义方法以及 ISO/IEC 11179 标准,根据实际使用情况,按以下 15 个方面定义各术语,见表 1 – 2。

表 1 – 2　电子连续性资源元数据标准术语定义

序号	属性名	属性定义	约束
1	标识符(Identifier)	术语的唯一标识符,以 URI 的形式给出	必备
2	名称(Name)	赋予术语的唯一标记,一般为英文小写	必备
3	出处(Defined By)	一般给出定义术语(特别是给出术语"名称"与"统一资源标识符")的来源名称及来源的 URI。如无来源名称与 URI,也可以是定义术语或维护术语的机构名称。或者也可以是书目引文,指向定义该术语的文献	必备
4	标签(Label)	描述术语的可读标签,一般为中文,可按资源不同选择不同的描述术语	必备
5	定义(Definition)	对术语概念与内涵的说明	必备
6	注释(Comments)	关于术语或其应用的其他说明,如特殊的用法等	可选
7	术语类型(Type of Term)	术语的类型。其值为:元素、元素修饰词和编码体系修饰词	必备
8	限定(Refines)	在定义元素修饰词时,在此明确指出该术语修饰的元素,一般给出所修饰元素的名称,推荐同时给出 URI	有则必备

序号	属性名	属性定义	约束
9	元素修饰词（Refined By）	在定义元素时,在此项中给出限定此元素的元素修饰词,一般给出元素修饰词的名称,但允许按中文习惯引用其标签,推荐同时给出 URI	有则必备
10	编码体系应用于（Encoding Scheme For）	在定义编码体系修饰词时,在此给出该术语修饰的元素,一般给出所修饰元素的名称,推荐同时给出 URI	有则必备
11	编码体系修饰词（Encoding Scheme）	在定义元素时,如果元素有编码体系修饰词,在此给出编码体系修饰词,一般给出术语的名称,推荐同时给出 URI	有则必备
12	数据类型(Datatype)	术语允许取值的数据类型	可选
13	版本（Version）	产生该术语的元数据规范版本	可选
14	语言（Language）	说明术语的语言	可选
15	频次范围（Occurrence）	术语使用的频次范围。采用区间的表示方法:(min,max),同时包括了对必备性和最大使用频率的定义。如:min = 0 表示可选;min = 1 表示必备;max = ∞ 表示最大使用频次没有限制	可选

为了便于广泛使用,元数据标准定义应尽量规范,其中 8—11 仅在核心集扩展时使用,上述 15 个属性可以固定取值如下:

1)版本:v. 1. 0;

2)语言:缺省为简体中文;

3)数据类型:字符串;

4)频次范围:一般不限,为[0,∞),有特殊说明的除外。

6 电子连续性资源元数据规范

6.1 题名

标识符:http://www. nlc. gov. cn/core/elements/title

名称:title

出处:http://purl. org/dc/elements/1. 1/title

标签:题名

定义:记录电子连续性资源的题名信息。

注释:包含期刊、连续性会议录、年鉴等资源题名。

术语类型:元素

元素修饰词:其他题名(alternative)

频次范围:[1,∞)

示例:

> 题名:Accounting education:a journal of theory,practice and research

其他题名

标识符:http://www. nlc. gov. cn/core/terms/alternative

名称:alternative

出处:http://purl. org/dc/terms/alternative

标签:其他题名

定义:正题名之外的其他所有题名,包括并列题名、缩略题名等。

注释:包括缩略题名、翻译题名、并列题名等。

术语类型:元素修饰词

限定:题名(title)

频次范围:[0,∞)

示例：

> 其他题名：Science in China. Series G

6.2 创建者

标识符：http://www.nlc.gov.cn/core/elements/creator

名称：creator

出处：http://purl.org/dc/elements/1.1/creator

标签：创建者

定义：创建电子连续性资源内容的主要责任者。

注释：创建者可以包括个人、组织或者某项服务。通常用创建者的名称来标识这一条目。

术语类型：元素

元素修饰词：责任方式（role）

频次范围：$[0, \infty)$

示例：

> 创建者：美国微软公司

责任方式

标识符：http://www.nlc.gov.cn/core/terms/role

名称：role

出处：http://www.nlc.gov.cn/core/terms

标签：责任方式

定义：主要责任者在资源内容形成过程中所承担的不同职责，即不同的责任方式。

注释：根据连续性资源的特点，责任方式主要包括主办、主编、副主编、编撰者、策划人员、内容提供者等。

术语类型：元素修饰词

限定：创建者（creator）

14

频次范围:[0,∞)

示例:

　　责任方式:主编

6.3　主题

标识符:http://www.nlc.gov.cn/core/elements/subject

名称:subject

出处:http://purl.org/dc/elements/1.1/subject

标签:主题

定义:电子连续性资源内容的主题描述。

注释:一般采用分类号和主题词来描述,建议使用受控词表;也可
　　著录关键词。

术语类型:元素

元素修饰词:分类号(classification),主题词(subject heading),关
　　键词(keyword)

频次范围:[0,∞)

示例:

　　主题:分类号:TP39(取自《中国图书馆分类法》)

　　主题:主题词:电子政务(取自《中国分类主题词表》)

6.3.1　分类号

标识符:http://www.nlc.gov.cn/core/terms/classfication

名称:classfication

出处:http://www.nlc.gov.cn/core/terms

标签:分类号

定义:根据特定分类法给电子连续性资源赋予的分类标识。

注释:根据特定分类法给出的反映文献内容的分类标识,可以有
　　多个。

术语类型:元素修饰词

限定:主题(subject)

编码体系修饰词:包括但不限于:中国图书馆分类法(CLC),杜威
十进分类法(DDC),国会图书馆分类法(LCC),国际十进分
类法(UDC),中国科学院图书馆图书分类法(LASC)

频次范围:[0,∞)

示例:

分类号:G254.3(取自《中国图书馆分类法》)

6.3.2 主题词

标识符:http://www.nlc.gov.cn/core/terms/subjectHeading

名称:subject heading

出处:http://www.nlc.gov.cn/core/terms

标签:主题词

定义:根据特定主题词表对文献进行标引所采用的词或短语。

注释:主题词应严格参照主题规范词表著录。

术语类型:元素修饰词

限定:主题(subject)

编码体系修饰词:包括但不限于:美国国会图书馆主题词
(LCSH),医学主题词表(MeSH),汉语主题词表(CT),中国
分类主题词表(CCT)

频次范围:[0,∞)

示例:

主题词:信息检索(取自《汉语主题词表》)

6.3.3 关键词

标识符:http://www.nlc.gov.cn/core/terms/keyword

名称:keyword

出处:http://www.nlc.gov.cn/core/terms

标签:关键词

定义:由编目员给出的表达电子连续性资源主题的词。

注释:概括文献主题内容的名词、术语等,可以是非控主题词。

术语类型:元素修饰词

限定:主题(subject)

频次范围:[0,∞)

示例:

　　关键词:算子矩阵

6.4 描述

标识符:http://www.nlc.gov.cn/core/elements/description

名称:description

出处:http://purl.org/dc/elements/1.1/description

标签:描述

定义:电子连续性资源内容的说明及其他文字说明等。

注释:描述内容为连续性资源内容特征和形式特征,包含资源的
　　　附加信息、学科范围等信息。

术语类型:元素

元素修饰词:附注(note)

频次范围:[0,∞)

示例:

　　描述:Targets design professionals who are active in web site
　　development and production.

附注

标识符:http://www.nlc.gov.cn/core/terms/note

名称:note

出处:http://www.nlc.gov.cn/core/terms

标签:附注

定义:记录各种信息变更情况,包括变名、合并、转出等情况。

注释:题名、责任者、出版者和出版周期等元素发生小变动时,可以在附注元素中记录变化值和变更方式,建议按照格式:变更后内容;变更时间;处理方式。

术语类型:元素修饰词

限定:描述(description)

频次范围:[0,∞)

示例:

   附注:Includes:Bibliography of Northwest materials.

6.5 出版者

标识符:http://www.nlc.gov.cn/core/elements/publisher

名称:publisher

出处:http://purl.org/dc/elements/1.1/publisher

标签:出版者

定义:电子连续性资源出版机构名称。

注释:如果出版者名称的简短形式能够被理解和清楚地识别,则可以著录简短的形式;如果同时有出版者和发行者,只著录出版者;如果没有标明出版机构,可著录发行者名称。

术语类型:元素

元素修饰词:出版地(place of publication)

频次范围:[0,∞)

示例:

   出版者:Public Health Service,National Institutes of Health

出版地

标识符:http://www.nlc.gov.cn/core/terms/placeOfPublication

名称:place of publication

出处:http://www.nlc.gov.cn/core/terms

标签:出版地

定义:电子连续性资源出版者的所在地。

注释:若有多语种的出版地形式,著录正题名所用语种或排版格式上最显著的地名形式。

术语类型:元素修饰词

限定:出版者(publisher)

频次范围:$[0,\infty)$

示例:

出版地:北京

6.6 其他责任者

标识符:http://www.nlc.gov.cn/core/elements/contributor

名称:contributor

出处:http://purl.org/dc/elements/1.1/contributor

标签:其他责任者

定义:对电子连续性资源的知识或艺术内容的制作或为其实现负责或做出贡献的创建者之外的任何实体(团体或个人)。

注释:如有一个以上其他责任者时,重复本元素。

术语类型:元素

元素修饰词:责任方式(role)

频次范围:$[0,\infty)$

示例:

其他责任者:张晓林

责任方式

标识符:http://www.nlc.gov.cn/core/terms/role

名称:role

出处:http://www.nlc.gov.cn/core/terms

标签:责任方式

定义:其他责任者在资源内容形成过程中所承担的不同职责,即不同的责任方式。

注释:根据电子连续性资源的特点,责任方式主要包括主编、副主编、编撰者、策划人员、内容提供者等。

术语类型:元素修饰词

限定:其他责任者(contributor)

频次范围:[0,∞)

示例:

    责任方式:副主编

6.7　日期

标识符:http://www.nlc.gov.cn/core/elements/date

名称:date

出处:http://purl.org/dc/terms/date

标签:日期

定义:记录与电子连续性资源生存周期相关的日期。

注释:建议遵循规范:W3C-DTF。

术语类型:元素

元素修饰词:开始日期(start date),终止日期(end date)

编码体系修饰词:W3CDTF,period

频次范围:[0,∞)

示例:

    开始日期:2009-03-05

    规范文档:W3C-DTF

    终止日期:2006-08-12

    规范文档:W3C-DTF

6.7.1 开始日期

标识符:http://www.nlc.gov.cn/core/terms/startDate

名称:start date

出处:http://www.nlc.gov.cn/core/terms

标签:开始日期

定义:记录电子连续性资源最早一期的出版时间。

注释:尽可能著录为完整的日期格式,若没有详细数据,可以著录到月或者年;时间格式参照 W3C – DTF 规定,日期形式采用 YYYY – MM – DD。

术语类型:元素修饰词

限定:日期(date)

编码体系修饰词:W3CDTF,period

频次范围:[0,1]

示例:

　　开始日期:1992 – 11 – 10

　　规范文档:W3C – DTF

6.7.2 终止日期

标识符:http://www.nlc.gov.cn/core/terms/endDate

名称:end date

出处:http://www.nlc.gov.cn/core/terms

标签:终止日期

定义:结束出版日期,记录电子连续性资源结束出版的日期。

注释:建议遵循规范:W3C – DTF。

术语类型:元素修饰词

限定:日期(date)

编码体系修饰词:W3CDTF,period

频次范围:[0,1]

示例:

终止日期:2007 – 08 – 01

规范文档:W3C – DTF

6.8 类型

标识符:http://www. nlc. gov. cn/core/elements/type

名称:type

出处:http://purl. org/dc/elements/1. 1/type

标签:类型

定义:电子连续性资源的内容特征和类型。

注释:它包括描述资源内容的分类范畴、功能、特性或集合层次的
术语,建议采用来自于受控词表中的值,如 DCMI Type 类型
词汇表。

术语类型:元素

频次范围:[1,∞)

示例:

类型:电子期刊(取自《国家图书馆专门元数据设计规范》
的《信息资源分类表》)

6.9 格式

标识符:http://www. nlc. gov. cn/core/elements/format

名称:format

出处:http://purl. org/dc/elements/1. 1/format

标签:格式

定义:电子连续性资源的文件格式。

注释:取值参照:IMT(因特网媒体类型)[MIME]。

术语类型:元素

元素修饰词:资源载体(medium)

编码体系修饰词:IMT

频次范围:[0,∞)

示例:

格式:text/xml

规范文档:IMT[MIME]

资源载体

标识符:http://www.nlc.gov.cn/core/terms/medium

名称:medium

出处:http://purl.org/dc/terms/medium

标签:资源载体

定义:电子连续性资源存储的物理载体形式。

注释:用于说明网络版和光盘版的资源存储的介质类型,如数据
库光盘的介质类型。

术语类型:元素修饰词

限定:格式(format)

频次范围:[0,∞)

示例:

资源载体:CD

资源载体:WEB

6.10 标识符

标识符:http://www.nlc.gov.cn/core/elements/identifier

名称:identifier

出处:http://purl.org/dc/elements/1.1/identifier

标签:标识符

定义:在特定范围内给予电子连续性资源的一个明确标识。

注释:建议采用正式标识体系的字符串进行标识。

术语类型:元素

编码体系修饰词:包括不限于:统一资源标识符(URI),国际标准连续出版物编号(ISSN),国际标准图书编号(ISBN),电子期刊的国际标准连续出版物号(EISSN),国际 CODEN 组织分配的连续出版物代码(CODEN),国内统一书刊号(CN),数字对象唯一标识符(DOI),中国国家图书馆数字对象唯一标识符(CDOI)

频次范围:[0,∞)

示例:

标识符:1520 – 6149

规范文档:国际标准连续出版物编号(ISSN)

标识符:3009. 26

规范文档:国内统一书刊号(CN)

标识符:10. 1007/s00261 – 012 – 9855 – 9

规范文档:数字对象唯一标识符(DOI)

6. 11　语种

标识符:http://www. nlc. gov. cn/core/elements/language

名称:language

出处:http://purl. org/dc/elements/1. 1/language

标签:语种

定义:电子连续性资源语种代码。

注释:建议采用语种名称代码,如 ISO 639—2。

术语类型:元素

编码体系修饰词:ISO639—2

频次范围:[1,∞)

示例:

语种:chi

规范文档:ISO 639—2

语种:eng

规范文档:ISO 639—2

6.12 关联

标识符:http://www.nlc.gov.cn/core/elements/relation

名称:relation

出处:http://purl.org/dc/elements/1.1/relation

标签:关联

定义:用于描述相关电子连续性资源。

注释:描述与当前电子连续性资源相关的资源,建议采用符合某
一正式标识体系的字符串或数字标识资源,如中国国家图
书馆数字对象唯一标识符(CDOI)、国际标准连续出版物编
号(ISSN)等。

术语类型:元素

元素修饰词:包含(has part),包含于(is part of),继承(continues),
被继承(is continued by),吸收(absorbs),被吸收(is absorbed
by),合并(merge of),与……合并(is merged with),分解成
(split into),分解自(is separated from),其他版本(has
version),原版本(is version of),参照(references),被参照(is
referenced by),其他格式(has format),原格式(is format of)

编码体系修饰词:URI,ISSN,DOI

频次范围:[0,∞)

示例:

关联:包含:0249 – 5643

规范文档:ISSN

6.12.1 包含

标识符:http://www.nlc.gov.cn/core/terms/hasPart

名称:has part

出处:http://purl.org/dc/terms/hasPart

标签:包含

定义:说明此电子连续性资源包含了另一资源。

注释:被包含资源一般独立存在。元数据应用单位可根据具体应用采用其他编码体系修饰词。

术语类型:元素修饰词

限定:关联(relation)

编码体系修饰词:URI,ISSN,DOI

频次范围:$[0,\infty)$

示例:

包含:0249－5643

规范文档:ISSN

6.12.2 包含于

标识符:http://www.nlc.gov.cn/core/terms/isPartOf

名称:is part of

出处:http://purl.org/dc/terms/isPartOf

标签:包含于

定义:说明此电子连续性资源是另一资源的组成部分。

注释:包含资源一般独立存在。元数据应用单位可根据具体应用采用其他编码体系修饰词。

术语类型:元素修饰词

限定:关联(relation)

编码体系修饰词:URI,ISSN,DOI

频次范围:$[0,\infty)$

示例:

包含于:0395－0182

规范文档:ISSN

6.12.3 继承

标识符:http://www.nlc.gov.cn/core/terms/continues

名称:continues

出处:http://www.nlc.gov.cn/core/terms

标签:继承

定义:说明所描述的电子连续性资源继承了一种先前出版的资源。

注释:先前的资源一般独立存在。元数据应用单位可根据具体应用采用其他编码体系修饰词。

术语类型:元素修饰词

限定:关联(relation)

编码体系修饰词:URI,ISSN,DOI

频次范围:$[0,\infty)$

示例:

继承:0307-5273

规范文档:ISSN

6.12.4 被继承

标识符:http://www.nlc.gov.cn/core/terms/isContinuedBy

名称:is continued by

出处:http://www.nlc.gov.cn/core/terms

标签:被继承

定义:说明所描述的电子连续性资源被另一种后续出版的资源所继承。

注释:继承后的资源一般独立存在。元数据应用单位可根据具体应用采用其他编码体系修饰词。

术语类型:元素修饰词

限定:关联(relation)

编码体系修饰词:URI,ISSN,DOI

频次范围:[0,∞)

示例:

    被继承:0308-4140

    规范文档:ISSN

6.12.5 吸收

标识符:http://www.nlc.gov.cn/core/terms/absorbs

名称:absorbs

出处:http://www.nlc.gov.cn/core/terms

标签:吸收

定义:说明此电子连续性资源吸收了其他资源,并保留了其自己的题名和编号系统。

注释:被吸收的资源一般独立存在。元数据应用单位可根据具体应用采用其他编码体系修饰词。

术语类型:元素修饰词

限定:关联(relation)

编码体系修饰词:URI,ISSN,DOI

频次范围:[0,∞)

示例:

    吸收:0365-4915

    规范文档:ISSN

6.12.6 被吸收

标识符:http://www.nlc.gov.cn/core/terms/isAbsorbedBy

名称:is absorbed by

出处:http://www.nlc.gov.cn/core/terms

标签:被吸收

定义:说明此电子连续性资源被另一种连续性资源吸收。

注释:吸收此电子连续性资源的连续性资源一般独立存在。元数据应用单位可根据具体应用采用其他编码体系修饰词。

术语类型:元素修饰词

限定:关联(relation)

编码体系修饰词:URI,ISSN,DOI

频次范围:$[0,\infty)$

示例:

  被吸收:0307 – 7667

  规范文档:ISSN

6.12.7 合并

标识符:http://www.nlc.gov.cn/core/terms/mergeOf

名称:merge of

出处:http://www.nlc.gov.cn/core/terms

标签:合并

定义:说明此电子连续性资源是由两种或更多的先前出版的资源合并而成的。

注释:被合并的资源一般独立存在。元数据应用单位可根据具体应用采用其他编码体系修饰词。

术语类型:元素修饰词

限定:关联(relation)

编码体系修饰词:URI,ISSN,DOI

频次范围:$[0,\infty)$

示例:

  合并:0365 – 8740

  合并:0365 – 8929

  规范文档:ISSN

6.12.8 与……合并

标识符:http://www.nlc.gov.cn/core/terms/isMergedWith

名称:is merged with

出处:http://www.nlc.gov.cn/core/terms

标签:与……合并

定义:说明此电子连续性资源已经与一种或更多的其他连续性资
源合并形成一种新的连续性资源。

注释:参与合并的连续性资源一般独立存在。元数据应用单位可
根据具体应用采用其他编码体系修饰词。

术语类型:元素修饰词

限定:关联(relation)

编码体系修饰词:URI,ISSN,DOI

频次范围:[0,∞)

示例:

　　与……合并:0524 – 5133

　　规范文档:ISSN

6.12.9 分解成

标识符:http://www.nlc.gov.cn/core/terms/splitInto

名称:split into

出处:http://www.nlc.gov.cn/core/terms

标签:分解成

定义:说明此电子连续性资源分解成两种或更多连续性资源。

注释:分解后的连续性资源一般独立存在。元数据应用单位可根
据具体应用采用其他编码体系修饰词。

术语类型:元素修饰词

限定:关联(relation)

编码体系修饰词:URI,ISSN,DOI

频次范围:[0,∞)

示例:

　　分解成:0300 – 9629

　　分解成:0305 – 0491

　　规范文档:ISSN

6.12.10 分解自

标识符:http://www.nlc.gov.cn/core/terms/isSeparatedFrom

名称:is separated from

出处:http://www.nlc.gov.cn/core/terms

标签:分解自

定义:说明此电子连续性资源是由另一种连续性资源分解出来的。

注释:被分解的连续性资源一般独立存在。元数据应用单位可根据具体应用采用其他编码体系修饰词。

术语类型:元素修饰词

限定:关联(relation)

编码体系修饰词:URI,ISSN,DOI

频次范围:$[0,\infty)$

示例:

      分解自:0356 - 0686

      规范文档:ISSN

6.12.11 其他版本

标识符:http://www.nlc.gov.cn/core/terms/hasVersion

名称:has version

出处:http://purl.org/dc/terms/hasVersion

标签:其他版本

定义:说明另一资源是此电子连续性资源的不同版本。

注释:其他版本资源一般独立存在。元数据应用单位可根据具体应用采用其他编码体系修饰词。

术语类型:元素修饰词

限定:关联(relation)

编码体系修饰词:URI,ISSN,DOI

频次范围:$[0,\infty)$

示例：

  其他版本：http://www.manu.edu.mk/bjmg/electronic_
  library.htm

  规范文档：URI

6.12.12 原版本

标识符：http://www.nlc.gov.cn/core/terms/isVersionOf

名称：is version of

出处：http://purl.org/dc/terms/isVersionOf

标签：原版本

定义：说明另一资源是此电子连续性资源的原版本。

注释：原版本的资源一般独立存在。元数据应用单位可根据具体
  应用采用其他编码体系修饰词。

术语类型：元素修饰词

限定：关联(relation)

编码体系修饰词：URI,ISSN,DOI

频次范围：[0,∞)

示例：

  原版本：http://www.bjmg.edu.mk/

  规范文档：URI

6.12.13 参照

标识符：http://www.nlc.gov.cn/core/terms/References

名称：references

出处：http://purl.org/dc/terms/references

标签：参照

定义：描述电子连续性资源参照、引用或以其他方式指向另一
  资源。

注释：被参照资源一般独立存在。元数据应用单位可采用其他编
  码体系修饰词。

术语类型:元素修饰词

限定:关联(relation)

编码体系修饰词:URI,ISSN,DOI

频次范围:[0,∞)

示例:

　　　参照:http://mbe.oxfordjournals.org/

　　　规范文档:URI

6.12.14　被参照

标识符:http://www.nlc.gov.cn/core/terms/isReferencedBy

名称:is referenced by

出处:http://purl.org/dc/terms/isReferencedBy

标签:被参照

定义:说明另一资源参照、引用或以其他方式指向此电子连续性资源。

注释:参照资源一般独立存在。元数据应用单位可采用其他编码体系修饰词。

术语类型:元素修饰词

限定:关联(relation)

编码体系修饰词:URI,ISSN,DOI

频次范围:[0,∞)

示例:

　　　被参照:http://sysbio.oxfordjournals.org/

　　　规范文档:URI

6.12.15　其他格式

标识符:http://www.nlc.gov.cn/core/terms/hasFormat

名称:has format

出处:http://purl.org/dc/terms/hasFormat

标签:其他格式

定义:描述另一资源派生自此电子连续性资源,且内容完全相同,
仅以不同的格式存在。

注释:其他格式资源一般独立存在。元数据应用单位可采用其他
编码体系修饰词。

术语类型:元素修饰词

限定:关联(relation)

编码体系修饰词:URI,ISSN,DOI

频次范围:[0,∞)

示例:

其他格式:http://chinesesites.library.ingentaconnect.com/con
tent/0737-4038

规范文档:URI

6.12.16 原格式

标识符:http://www.nlc.gov.cn/core/terms/isFormatOf

名称:is format of

出处:http://purl.org/dc/terms/isFormatOf

标签:原格式

定义:描述此电子连续性资源派生于另一资源,且内容完全相同,
仅以不同的格式存在。

注释:原格式资源一般独立存在。元数据应用单位可采用其他编
码体系修饰词。

术语类型:元素修饰词

限定:关联(relation)

编码体系修饰词:URI,ISSN,DOI

频次范围:[0,∞)

示例:

原格式:http://afraf.oxfordjournals.org/

规范文档:URI

6.13 来源

标识符:http://www.nlc.gov.cn/core/elements/source

名称:source

出处:http://purl.org/dc/elements/1.1/source

标签:来源

定义:当前电子连续性资源来源或所属集合的描述。

注释:著录电子连续性资源的出处信息,当前电子连续性资源可以是来源的全部或一部分。

术语类型:元素

编码体系修饰词:URI,DOI

频次范围:[0,∞)

示例:

来源:万方数据库

6.14 权限

标识符:http://www.nlc.gov.cn/core/elements/rights

名称:rights

出处:http://purl.org/dc/elements/1.1/rights

标签:权限

定义:电子连续性资源本身所有的或被赋予的权限信息。

注释:不同的权限可重复本元素。

术语类型:元素

元素修饰词:版权拥有者(rights holder),使用权限(access rights)

频次范围:[0,∞)

示例:

权限:版权拥有者:中国知网

权限:使用权限:国家图书馆

6.14.1 版权拥有者

标识符:http://www.nlc.gov.cn/core/terms/rightsHolder

名称:rights holder

出处:http://purl.org/dc/terms/rightsHolder

标签:版权拥有者

定义:拥有电子连续性资源的个体或机构的名称。

术语类型:元素修饰词

限定:权限(rights)

频次范围:[0,∞)

示例:

  版权拥有者:中国知网

6.14.2 使用权限

标识符:http://www.nlc.gov.cn/core/terms/accessRights

名称:access rights

出处:http://purl.org/dc/terms/accessRights

标签:使用权限

定义:授权使用电子连续性资源的个人、机构及所授访问使用权
  限信息。

术语类型:元素修饰词

限定:权限(rights)

频次范围:[0,∞)

示例:

  使用权限:国家图书馆
  使用权限:中国科学院文献情报中心

6.15 出版频率

标识符:http://www.nlc.gov.cn/eSerials/terms/publishingFrequency

名称:publishing frequency

出处:http://www.nlc.gov.cn/eSerials/terms

标签:出版频率

定义:电子连续性出版物出版的时间间隔。

注释:若电子连续性资源为不定期出版,可在此元素中注明为"不定期",具体以出版时间为参考。

术语类型:元素

频次范围:$[1,\infty)$

示例:

出版频率:Bimonthly

6.16 馆藏信息

标识符:http://www.nlc.gov.cn/eSerials/terms/location

名称:location

出处:http://www.nlc.gov.cn/eSerials/terms

标签:馆藏信息

定义:记录电子连续性资源的馆藏存放位置,包括物理地址和URL地址等。

术语类型:元素

元素修饰词:馆藏范围(holding)

频次范围:$[0,\infty)$

示例:

馆藏信息:国家图书馆典藏阅览室(附注:CD光盘)

馆藏范围

标识符:http://www.nlc.gov.cn/eSerials/terms/holding

名称:holding

出处:http://www.nlc.gov.cn/eSerials/terms

标签:馆藏范围

定义:电子连续性出版物馆藏范围,包括完整的按年度顺序逐年
累加的编年号、卷号、期号和专辑的名称等。

术语类型:元素修饰词

限定:馆藏信息(location)

频次范围:[0,∞)

示例:

馆藏范围:Vol. 27,No. 1,2011

第二部分　国家图书馆电子连续性资源元数据著录规则

研制说明

　　本著录规则根据"第一部分 国家图书馆电子连续性资源元数据标准"的基本原则,结合电子连续性资源的特点,参考电子连续性资源现行规范制定。

　　电子连续性资源描述元数据的著录规则是应用"第一部分 国家图书馆电子连续性资源元数据标准"的具体指南和参考。本规则详细说明了电子连续性资源元数据的应用范围、适用对象,以及具体应用中应该遵循的著录原则、方法、过程、应用形式、例外情况和注意事项等。

1 范 围

本著录规则是提供国家图书馆电子连续性资源元数据描述和著录的指导性原则。

本著录规则以国家图书馆收藏的电子连续性资源为著录对象,电子连续性资源是指以数字形式制作、出版、存取和使用的连续性资源,一般以磁性或电子载体为存储载体,并借助一定的阅读软件和设备读取。从内容类型来看包括电子形式的连续性出版物和集成性资源,本标准中的电子连续性资源仅指连续性出版物,包括电子期刊、电子年鉴、电子报纸、会议录、科技报告等。

本规则主要针对电子连续性资源的通用性元素进行描述著录,在对特定类型连续性资源进行著录时可以扩充元数据元素或增加限定,但必须符合本规则。如果复用本元数据方案中的元素,其语义必须严格保持一致。

2 规范性引用文件

下列文件中的条款通过本规范的引用而成为本规范的条款。凡是注明日期的引用文件其随后所有的修改(不包括勘误的内容)或修订版均不适用于本规范,然而,鼓励根据本规范达成协议的各方研究是否可使用这些文件的最新版本。凡是不注明日期的引用文件,其最新版本适用于本规范。

DCMI DCSV: A syntax for representing simple structured data in a text string

DCMI 结构化取值:在文本串中表现简单的结构化数据的句法
< http://dublincore. org/documents/2006/04/10/dcmi-dcsv >

DCMI Abstract Model. [DCMI]
DCMI 抽象模型[DCMI]
< http://dublincore. org/documents/abstract-model >

DCMI Metadata Terms . [DCMI-TERMS]
DCMI 元数据术语集[DCMI-TERMS]
< http://dublincore. org/documents/dcmi-terms/ >

ISO 639—2   Codes for the representation of names of languages.
Alpha – 3 code. [ISO639—2].
ISO 639—2   语种名称代码表:3 位代码[ISO639—2].
< http://www. loc. gov/standards/iso639-2/ >

Date and Time Formats,W3C Note. [W3CDTF]
日期与时间格式,W3C 注释[W3CDTF]
< www. w3. org/TR/NOTE-datetime >

Universal Resource Identifiers . (URI):Generic Syntax. [RFC3986]
统一资源标识符(URI):通用句法[RFC3986]
< www. ietf. org/rfc/rfc3986. txt >

MIME Media Types. [MIME]
因特网媒体类型 [MIME]
http://www. iana. org/assignments/media-types/

3 著录总则

3.1 著录内容

本规则著录内容包含国家图书馆电子连续性资源元数据规范的16个元素。元素名称为英文,全部小写,以便于计算机标记和编码,并保证与其他语种和其他元数据标准(如DC)应用保持语义一致性;标签为中文,便于人们阅读。

著录总则对电子资源的著录单位、著录信息源、著录标识符、著录用文字、编码体系修饰词和著录项目有统一规定,以确保对电子连续性资源统一、规范、全面而简洁的描述。

3.2 著录单位

电子连续性资源一般以具有独立标识的一个电子连续性资源为著录单位,即以资源的"种"为著录单位,比如一种期刊/会议录、一种报纸/年鉴等;当出现某一单册有特殊的内容、题名、责任者的情况时,也可以电子连续性资源的一个单册作为著录单位。

正题名有大变动,例如连续性资源题名的文字有较大的增、删、改变动或者主题含义发生变更,或者题名中涉及的团体名称发生变化时,则需要做新记录。正题名小变动、责任说明变动、前后出版者或出版地等变动不可著录于著录的主要部分,而是著录于附注元素中;新旧记录的连接在关联元素中注明。关于大变动和小变动的区别,可参照ISBD(consolidated edition)中相关规定进行识别。

3.3 著录信息源

著录信息源来自被著录的信息资源本身,资源本身信息不足,可参考其他信息源或者其他有关文献资料。应首选为著录各元素/修饰词提供较全面数据的主要信息源,如所著录文献缺少主要信息源,可从各元素项最充分的其他信息源中选取著录数据。取自主要信息源以外的信息,或著录员自拟的著录内容,建议在著录时视需要在附注项说明著录来源。对电子连续性出版物而言,首选数字版的资源本身作为著录信息源,若信息不足,可参考对应的印刷版文献资源。

3.4 著录项目、文字与符号

本规则规定的元数据著录项为本书"第一部分 国家图书馆电子连续性资源元数据规范"中定义的元素/修饰词,各元素/修饰词的必备性和可重复性规定见著录细则。

本规则不对元数据记录中各元素的排列次序作强制性的规定,应用时可根据需要自行决定元素的排列次序,即本规则的所有元素与顺序无关。同一元素多次出现,其排序可能是有意义的,但不能保证排序会在任何系统中保存下来。

本规则著录所用文字按资源对象所用文字客观著录。本规则强调客观著录,但允许对原有资源所提供的错误信息予以纠正。由著录人员给出摘要、主题词等信息,著录文字可以用简体中文。

本规则相关建议和说明:

1)在著录与传统资源相关的信息资源时,著录内容中推荐使用ISBD(《国际标准书目著录》)规定的著录标识符。

2)在元素/修饰词可重复时,优先采用元素/修饰词重复的方式著录。

3)若 ISBD 的规定不适用或者元素/修饰词不可重复时,著录时推荐使用 DCMI DCSV(Dublin Core Structured Values)规范,DCSV 规定分号用于并列的数据值的分隔,即如果有元素在著录时可能有超过一个的取值。值与值之间用分号隔开,其他的符号参见详细的 DCSV 规范(http://dublincore. org/documents/2006/04/10/dcmi-dcsv)。

3.5 元素说明事项

本规则中所有元素/修饰词均为非限制性使用,如果在特定类型连续性资源描述中使用,可进行必要的扩展,并增加使用说明。

元素的标签和定义采用通用的描述,但为突出资源的个性和元数据的专指性,更好体现此术语在应用纲要中的语义,允许在应用时根据资源情况重新赋予其适合的标签和具体的定义;但语义上与原始定义不允许有冲突,不允许扩大原始的语义。

为促进全球互操作,部分元素/修饰词的值取自受控词表。同样,为了某些特定领域内的互操作性,也可以开发利用其他受控词表。

4　著录规则的内容结构

为保证著录的一致性,本规则对每一元素的内容规定了 11 个项目,并与《国家图书馆电子连续性资源元数据标准》中的元素定义保持一致,详见表 2－1"著录规则中的元素定义"。对每一元素修饰词的内容规定了 10 个项目,详见表 2－2"著录规则中的元素修饰词定义"。所有项目中,"名称""标签""定义"三个项目必备,其他项目有则必备。

表 2－1　著录规则中的元素定义

项目	项目定义与内容
名称	赋予元素的唯一标记
标签	描述元素的可读标签
定义	对元素概念与内涵的说明
注释	对元素著录时任何注意事项的说明

元素的著录内容	在元数据规范中,核心元素、资源类型核心元素通常是比较抽象的,对于具体的资源对象,在著录规则中可以有更细化的说明
规范文档	说明著录元素内容时依据的各种规范。元素取值可能来自各种受控词表和规范。它也可以和编码体系修饰词一致,也可以是适应具体需要而做出的相关规则
元素修饰词	若有元素修饰词,给出元素修饰词在本标准规范中的标签
编码体系修饰词及其用法	元素取值依据的各种受控词表和规范标记,或者其形式遵循的特定解析规则。因此,一个使用某一编码体系表达的值可能会是选自某一受控词表的标志(例如取自一部分分类法或一套主题词表的标志)或一串根据规范标记格式化的字符(例如作为日期标准表达的"2000 - 01 - 01") 这里不仅要给出编码体系修饰词的名称,最重要的是,应给出编码体系修饰词的具体用法
必备性	说明元素是否必须著录,取值有:必备(M),可选(O),有则必备(MA)
可重复性	说明元素是否可以重复著录,取值有:可重复、不可重复
著录范例	著录元素时的典型实例

表 2 − 2　著录规则中的元素修饰词定义

项目	项目定义与内容
名称	赋予元素修饰词的唯一标记
标签	描述元素修饰词的可读标签
定义	元素修饰词在本元数据规范中的定义
注释	对元素修饰词著录时任何注意事项的说明
元素修饰词的著录内容	说明元素修饰词的著录内容
规范文档	说明著录元素修饰词内容时依据的各种规范。元素修饰词取值可能来自各种受控词表和规范。它也可以和编码体系修饰词一致,也可以是适应具体需要而做出的相关规则
编码体系修饰词及其用法	元素修饰词取值依据的各种受控词表和规范标记,或者其形式遵循的特定解析规则。因此,一个使用某一编码体系表达的值可能会是选自某一受控词表的标志(例如取自一部分分类法或一套主题词表的标志)或一串根据规范标记格式化的字符(例如作为日期标准表达的"2000 − 01 − 01") 这里不仅要给出编码体系修饰词的名称,最重要的是,应给出编码体系修饰词的具体用法
必备性	说明元素修饰词是否必须著录,取值有:必备(M),可选(O),有则必备(MA)
可重复性	说明元素修饰词是否可以重复著录,取值有:可重复、不可重复
著录范例	著录元素修饰词时的典型实例

5 著录细则

5.1 题名

名称:title

标签:题名

定义:记录电子连续性资源的题名信息。

元素的著录内容:根据在电子连续性资源中出现的形式著录。各语种的题名著录要严格按照各语种的语言习惯。

注释:

　　1)题名信息包括同语种或文字的正题名、分辑号、分辑名及其他题名说明文字,按其在规定信息源上出现的语句、顺序、字体(繁简字体)转录。

　　2)各语种的题名信息著录依据其语言书写规范和语言习惯。

　　3)在连续出版物的出版过程中,若题名信息有小变化,则将正题名的不同形式或题名改变的注释都著录于附注项中。

　　4)宜参考采用 ISBD 的著录标识符。

元素修饰词:其他题名(alternative)

必备性:必备

可重复性:可重复

著录范例:

　　例1　题名:Accounting education:a journal of theory,practice and research

　　例2　题名:Cytometry. Part B,clinical cytometry:the journal of the International Society for Analytical Cytology

例3 题名:北京大学学报．哲学社会科学版

例4 题名:RBM:A journal of rare books,manuscripts,and cultural heritage

其他题名

名称:alternative

标签:其他题名

定义:正题名之外的其他所有题名,包括并列题名、缩略题名等。

元素修饰词的著录内容:著录可代替正题名使用的其他任何题名,包括并列题名、缩略题名、翻译题名等。

注释:

1)宜参考采用ISBD的著录标识符。

2)与题名同时出现的其他文种题名作为其他题名著录。

3)有一个以上其他题名时,重复本元素修饰词。

必备性:有则必备

可重复性:可重复

著录范例:

例1 (题名:中国科学．G辑,物理学、力学、天文学)

其他题名:Science in China. Series G

例2 (题名:北京大学学报．哲学社会科学版)

其他题名:Journal of Peking University. Philosophy and Social Sciences

例3 (题名:Oil,gas,coal and electricity quarterly statistics)

其他题名:Statistiques trimestrielles electricite, charbon,gaz et petrole

例4 (题名:Annals of anatomy)

其他题名:Anatomischer Anzeiger

5.2 创建者

名称:creator

标签:创建者

定义:创建电子连续性资源内容的主要责任者。

元素的著录内容:著录创建电子连续性资源内容的责任者。一般
为个人、组织或某项服务的名称。

注释:

1)创建者可以包括个人、组织或者某项服务。

2)创建者信息在出版过程中有小改变,创建者的变更形式
或责任说明改变的注释,可著录于附注项中。

3)有一个以上主要责任者时,重复本元素。

元素修饰词:责任方式(role)

必备性:有则必备

可重复性:可重复

著录范例:

例1   创建者:沈宗畸

例2   创建者:美国微软公司,Microsoft Corporation

责任方式

名称:role

标签:责任方式

定义:主要责任者在资源内容形成过程中所承担的不同职责,即
不同的责任方式。

元素修饰词的著录内容:著录责任者创建电子连续性资源内容或
对该内容做出贡献的方式,如主编、编撰者等。

注释:

1)根据连续性资源的特点,责任方式主要包括主办、主编、

副主编、编撰者、策划人员、内容提供者等。

  2)如还有其他未列出的角色,自行著录。

  3)有一种以上责任方式时,重复本元素修饰词。

必备性:有则必备

可重复性:可重复

著录范例:

  (创建者:张晓林)

  责任方式:主编

5.3 主题

名称:subject

标签:主题

定义:电子连续性资源内容的主题描述。

元素的著录内容:著录描述电子连续性资源主题内容的受控或非
  受控的词汇和类号,包括主题词、分类号、关键词等。

注释:

  1)一般采用分类号和主题词来描述,建议使用受控词表,也
  可著录关键词。

  2)有一个以上主题时,重复本元素。

元素修饰词:分类号(classification),主题词(subject heading),关
  键词(keyword)

必备性:可选

可重复性:可重复

著录范例:

  例1 主题:分类号:TP39

    规范文档:中国图书馆分类法(CLC)

  例2 主题:主题词:电子政务

    规范文档:中国分类主题词表(CCT)

5.3.1　分类号

名称:classification

标签:分类号

定义:根据特定分类法给电子连续性资源赋予的分类标识。

元素修饰词的著录内容:采用规范文档中的分类体系著录电子连续性出版物的分类号。

注释:

　　1)建议采用规范文档中的分类体系著录分类号。

　　2)如果内容涉及不同的学科领域,可有多个分类号。

　　3)连续性出版物如无特殊情况,建议都标注分类号。

　　4)若有多个分类号,需重复著录。

编码体系修饰词:中国图书馆分类法(CLC),杜威十进分类法(DDC),国会图书馆分类法(LCC),国际十进分类法(UDC),中国科学院图书馆图书分类法(LASC)

规范文档:值最好取自编码体系修饰词中所列的分类体系。中国图书馆分类法(CLC),杜威十进分类法(DDC),国会图书馆分类法(LCC),国际十进分类法(UDC),中国科学院图书馆图书分类法(LASC)

必备性:可选

可重复性:可重复

著录范例:

　　例1　分类号:TP39

　　　　　规范文档:中国图书馆分类法(CLC)

　　例2　分类号:G254.3

　　　　　规范文档:中国图书馆分类法(CLC)

5.3.2　主题词

名称:subject heading

标签:主题词

定义:根据特定主题词表对资源进行标引所采用的词或短语。

元素修饰词的著录内容:著录电子连续性出版物的主题词,严格按照主题词表著录。

注释:

　　1)此处著录的是连续性出版物的主题词,而不是单册资源的主题词。

　　2)主题词应严格参照主题规范词表著录,编码体系可依实际情况选择遵循等。

编码体系修饰词:美国国会图书馆主题词(LCSH),医学主题词表(MeSH),汉语主题词表(CT),中国分类主题词表(CCT)

规范文档:值最好取自编码体系修饰词中所列的词表。美国国会图书馆主题词(LCSH),医学主题词表(MeSH),汉语主题词表(CT),中国分类主题词表(CCT)

必备性:可选

可重复性:可重复

著录范例:

　　例1　主题词:信息检索

　　　　　规范文档:汉语主题词表(CT)

　　例2　主题词:电子政务

　　　　　规范文档:中国分类主题词表(CCT)

5.3.3　关键词

名称:keyword

标签:关键词

定义:由编目员给出的表达电子连续性资源主题的词。

元素的著录内容:著录正文语种的概括文献内容的词,可以为非受控词。

注释:

　　1)关键词的著录应符合各相应语种规范。

2)若有多个关键词,需重复著录。

必备性:可选

可重复性:可重复

著录范例:

例1　关键词:Ionic liquids

　　　关键词:Membranes

例2　关键词:时域有限差分

　　　关键词:完全匹配层

　　　关键词:声波散射

5.4　描述

名称:description

标签:描述

定义:电子连续性资源内容的说明及其他文字说明等。

元素的著录内容:用于说明电子连续性出版物的附加信息、学科
　　范围等信息。

元素修饰词:附注(note)

必备性:可选

可重复性:可重复

著录范例:

描述:Targets design professionals who are active in web site
　　development and production.

附注

名称:note

标签:附注

定义:记录各种信息变更情况,包括变名、合并、转出等情况。

元素修饰词的著录内容:著录电子连续性资源的各种补充和说明

信息,包括不同的出版发行、书目附件描述等信息。

注释:

1)题名、责任者、出版者和出版周期等元素发生小变动时,可以在附注元素中记录变化值和变更方式,建议按照格式:变更后内容;变更时间;处理方式。

2)宜参考采用 ISBD 的著录标识符。

3)有一个以上附注项时,重复本元素修饰词。

必备性:可选

可重复性:可重复

著录范例:

例1　附注:Includes:Bibliography of Northwest materials.

例2　附注:Vol. 4 published in 1939,Vol. 5 in 1946.

5.5　出版者

名称:publisher

标签:出版者

定义:电子连续性资源出版机构名称。

元素的著录内容:著录电子连续性资源的出版者或颁布者。

注释:

1)如果出版者名称的简短形式能够被理解和清楚地识别,则可以著录简短的形式。

2)如果同时有出版者和发行者,只著录出版者;如果没有标明出版机构,可著录发行者名称。

3)连续出版物后续卷期出版者发生变化,可在附注中注明改变后的出版者。

4)有一个以上出版者时,重复本元素。

元素修饰词:出版地(place of publication)

必备性:有则必备

可重复性:可重复

著录范例:

    例1 出版者:Petroleum & Energy Intelligence Weekly,Inc.

    例2 出版者:Public Health Service,National Institutes of Health

    例3 出版者:Macmillan Co.

出版地

名称:place of publication

标签:出版地

定义:电子连续性资源出版者的所在地。

元素修饰词的著录内容:著录电子连续性出版物相关信息源提到的出版地/发行地名,一般著录到城市,如无法著录到城市名称,则著录合适的州、省或国家名称。

注释:

1)若有多语种的出版地形式,著录正题名所用语种或排版格式上最显著的地名形式。

2)一个出版者有一个以上出版地时,重复本元素修饰词。

3)不同出版者的出版地著录于相对应的"出版地"修饰词项。

4)宜参考采用 ISBD 的著录标识符。

必备性:可选

可重复性:可重复

著录范例:

    例1 出版地:London

    例2 出版地:北京

5.6　其他责任者

名称:contributor

标签:其他责任者

定义:对电子连续性资源的知识或艺术内容的制作或为其实现负责或做出贡献的创建者之外的任何实体(团体或个人)。

元素的著录内容:用于著录连续性资源主要责任者之外的其他责任者名称,即未被选作创建者(主要责任者)的知识贡献者,一般为个人、团体或者某项服务的名称。

注释:

1)有一个以上其他责任者时,重复本元素。

2)如果有多个责任说明,这些说明著录的次序取决于著录信息源上的排版格式或先后,不考虑各个责任说明的范围和层次等。

3)责任者信息在出版过程中有小改变,责任者的变更形式或责任说明改变的注释,可著录于附注项中;与通用题名相连的责任说明(即团体)有重大改变,应做新的记录。

元素修饰词:责任方式(role)

必备性:可选

可重复性:可重复

著录范例:

例1　其他责任者:张晓林

例2　其他责任者:李明树

责任方式

名称:role

标签:责任方式

定义:其他责任者在资源内容形成过程中所承担的不同职责,即不同的责任方式。

元素修饰词的著录内容:用于表示其他责任者贡献于电子连续性资源内容的方式,如主编、编撰者等。

注释：

　　1）根据电子连续性资源的特点，责任方式主要包括：主编、
副主编、编撰者、策划人员、内容提供者等。

　　2）如还有其他未列出角色，请自行著录，但一定是对资源负
知识责任的人。

　　3）一个其他责任者有一个以上责任方式时，重复本元素修
饰词。

必备性：可选

可重复性：可重复

著录范例：

　　例1　（其他责任者：张晓林）

　　　　责任方式：主编

　　例2　（其他责任者：李明树）

　　　　责任方式：副主编

5.7　日期

名称：date

标签：日期

定义：记录与电子连续性资源生存周期相关的日期。

元素的著录内容：著录与电子连续性资源出版、终止相关的日期。

注释：日期可以用来表达任何级别粒度的时间信息。

元素修饰词：开始日期（start date），终止日期（end date）

编码体系修饰词：period（对于时间间隔的限定规范）［DCMIPeriod］、
W3CDTF（基于 ISO 8601 的规范的时间和日期的编码规则）
［W3CDTF］

规范文档：W3C－DTF、Period；日期取值自编码体系修饰词，一般
采用 YYYY－MM－DD 的表达方式。

必备性：有则必备

可重复性:可重复

著录范例:

    例1 开始日期:2009 – 03 – 05

           规范文档:W3C – DTF

    例2 终止日期:2006 – 08 – 12

           规范文档:W3C – DTF

5.7.1　开始日期

名称:start date

标签:开始日期

定义:记录电子连续性资源最早一期的出版时间。

元素修饰词的著录内容:用于标明创建电子连续性资源的日期。

注释:

    1)记录连续性出版物最早一期的正式出版时间。

    2)尽可能著录为完整的日期格式,若没有详细数据,可以著录到月或者年。

    3)时间格式参照 W3C – DTF 规定,日期形式采用 YYYY – MM – DD。

编码体系修饰词:W3CDTF,period

规范文档:W3C – DTF,Period

必备性:有则必备

可重复性:不可重复

著录范例:

    例1 开始日期:1992 – 11 – 10

           规范文档:W3C – DTF

    例2 开始日期:2006 – 03 – 15

           规范文档:W3C – DTF

5.7.2　终止日期

名称:end date

标签:终止日期

定义:结束出版日期,记录电子连续性资源结束出版的日期。

元素修饰词的著录内容:用于标明电子连续性资源结束出版的日期,建议遵循规范 W3C – DTF。

注释:

1)如果已经停止出版,此元素记录停止出版时间。

2)停刊年为非公元纪年,应照录并补充公元纪年;停刊年有误时,应照录并补充正确的停刊年。

3)如停止出版的期刊又恢复出版,则此元素的内容要进行相应的修改,只记录最新状态,可将修改前值记入附注元素。

编码体系修饰词:W3CDTF,period

规范文档:W3C – DTF,Period

必备性:有则必备

可重复性:不可重复

著录范例:

例1　终止日期:1990 – 10 – 10
　　　　规范文档:W3C – DTF

例2　终止日期:2007 – 08 – 01
　　　　规范文档:W3C – DTF

5.8　类型

名称:type

标签:类型

定义:电子连续性资源的内容特征和类型。

元素的著录内容:著录资源内容的特征和类型。

注释:

1)包括描述资源内容的分类范畴、功能、特性或集合层次的术语。

　　2)取值参照《国家图书馆专门元数据设计规范》的《信息资
　　　源分类表》。

必备性:必备

可重复性:可重复

著录范例:

　　例1　类型:电子期刊
　　　　　规范文档:《信息资源分类表》

　　例2　类型:电子会议录
　　　　　规范文档:《信息资源分类表》

5.9　格式

名称:format

标签:格式

定义:电子连续性资源的文件格式。

元素的著录内容:著录电子连续性资源的物理或电子形态。

注释:建议采用规范的表达形式。IMT 定义了各种计算机媒体格
　　　式,一般用类型/子类型这样的形式著录,全部用小写字母。

元素修饰词:资源载体(medium)

编码体系修饰词:IMT(因特网媒体类型)[MIME]

规范文档:IMT(因特网媒体类型)[MIME]

必备性:可选

可重复性:可重复

著录范例:

　　例1　格式:text/xml
　　　　　规范文档:IMT[MIME]

　　例2　格式:application/pdf
　　　　　规范文档:IMT[MIME]

资源载体

标签:资源载体

名称:medium

定义:电子连续性资源的物理载体形式。

元素修饰词的著录内容:注明电子连续性资源为 CD 形式,还是其他数字形式。

注释:

1)用于说明网络版和光盘版的资源存储的介质类型,如数据库光盘的介质类型。

2)网络版资源的介质类型一般著录为"WEB",光盘版资源可用"CD"或"DVD"等注明载体形式。

3)同一文件的两种或多种格式保存在不同的载体上,对应于每种格式的资源载体可重复描述。

必备性:有则必备

可重复性:可重复

著录范例:

例1　资源载体:CD

例2　资源载体:WEB

5.10　标识符

名称:identifier

标签:标识符

定义:在特定范围内给予电子连续性资源的一个明确标识。

元素的著录内容:著录在特定的环境中确认电子连续性资源的明确标识。 如 URI、ISSN、ISBN、EISSN、CODEN、CN、DOI、CDOI 等。

注释:

1)建议采用正式标识体系的字符串或数字标识资源。

2）如果有一个或多个标准标识符分配给该资源，则至少从
标准系统中著录一个。

3）如果缺少资源全球性的唯一标识，可提供一个本地属性
的自购或衍生标识符号。可由标识应用系统的前缀（即
标识符的类型）与一字符串（即标识符的值）组成。可由
系统自动产生或由人工赋予。

编码体系修饰词:包括不限于:统一资源标识符（URI），国际标准
连续出版物编号（ISSN），国际标准图书编号（ISBN），电子
期刊的国际标准连续出版物号（EISSN），国际 CODEN 组织
分配的连续出版物代码（CODEN），国内统一书刊号（CN），
数字对象唯一标识符（DOI），中国国家图书馆数字对象唯
一标识符（CDOI）

规范文档:包括不限于:统一资源标识符（URI），国际标准连续出
版物编号（ISSN），国际标准图书编号（ISBN），电子期刊的
国际标准连续出版物号（EISSN），国际 CODEN 组织分配的
连续出版物代码（CODEN），国内统一书刊号（CN），数字对
象唯一标识符（DOI），中国国家图书馆数字对象唯一标识
符（CDOI）

必备性:有则必备

可重复性:可重复

著录范例:

例1　标识符:1520 – 6149

规范文档:国际标准连续出版物编号（ISSN）

例2　标识符:9780471496144

规范文档:国际标准图书编号（ISBN）

例3　标识符:OGCAE8

规范文档:CODEN

例4　标识符:3009. 26

规范文档:国内统一书刊号(CN)

例 5　标识符:10. 1007/s00261 - 012 - 9855 - 9

　　　　规范文档:数字对象唯一标识符(DOI)

5.11　语种

名称:language

标签:语种

定义:电子连续性资源的语种代码。

元素的著录内容:著录电子连续性资源的文字语种。

注释:

1)本元素记录的语种代码为一个三位字符,著录依据 ISO 639—2。

2)如果正文包含不止一种语种,应将语种逐一著录,重复本元素。

3)多语种著录顺序依照在正文中所占的比重和重要性,如果无从判断则可按语种字母顺序著录。

4)如果内容是译著,则只著录译著正文语种,原著语种省略。

5)与正文语种不同的其他语种,如提要语种、目次语种、文摘语种、题名页语种等内容均省略。

编码体系修饰词:ISO639—2

规范文档:ISO 639—2

必备性:必备

可重复性:可重复

著录范例:

例 1　语种:chi

　　　　规范文档:ISO 639—2

例 2　语种:eng

规范文档:ISO 639—2

5.12 关联

名称:relation

标签:关联

定义:用于描述相关的电子连续性资源。

元素的著录内容:著录与当前电子连续性资源相关联的其他
资源。

注释:

1)描述其他相关资源的关系类型,这些关系包括:包含与包
含于、其他版本与原版本、参照与被参照、其他格式与原
格式等,如有需要,可在应用时自行扩展。

2)建议采用符合某一正式标识体系的字符串或数字标识资
源,如中国国家图书馆数字对象唯一标识符(CDOI)、国
际标准连续出版物编号(ISSN)等。如若用某一正式标识
体系的字符串或数字标识无法区分关联的电子连续性资
源,可采用题名的形式。

元素修饰词:包含(has part),包含于(is part of),继承(continues),
被继承(is continued by),吸收(absorbs),被吸收(is
absorbed by),合并(merge of),与……合并(is merged
with),分解成(split into),分解自(is separated from),其他
版本(has version),原版本(is version of),参照(references),
被参照(is referenced by),其他格式(has format),原格式(is
format of)

编码体系修饰词:URI,ISSN,DOI

规范文档:URI,ISSN,DOI

必备性:可选

可重复性:可重复

著录范例:

    例1   关联:继承:0007-4209

            规范文档:ISSN

    例2   关联:包含:0249-5643

            规范文档:ISSN

5.12.1　包含

名称:has part

标签:包含

定义:说明此电子连续性资源包含了另一资源。

元素修饰词的著录内容:著录电子连续性资源包含的另一独立的
　　资源。

注释:

    1)被包含资源一般独立存在。

    2)元数据应用单位可根据具体应用采用其他编码体系修
       饰词。

    3)若连续性出版物是丛编,而且有带从属题名的分丛编,用
       于著录丛编内出版的分丛编的题名。

编码体系修饰词:URI,ISSN,DOI

规范文档:URI,ISSN,DOI

必备性:可选

可重复性:可重复

著录范例:

    包含:0249-5643

    规范文档:ISSN

5.12.2　包含于

名称:is part of

标签:包含于

定义:说明此电子连续性资源是另一资源的组成部分。

元素修饰词的著录内容:著录电子连续性资源所从属的资源,此
资源可另行单独著录。一般用字符串或其他数字代码
标识。

注释:包含资源一般独立存在。元数据应用单位可根据具体应用
采用其他编码体系修饰词。

编码体系修饰词:URI,ISSN,DOI

规范文档:URI,ISSN,DOI

必备性:可选

可重复性:可重复

著录范例:

包含于:0395 – 0182

规范文档:ISSN

5.12.3 继承

名称:continues

标签:继承

定义:说明所描述的电子连续性资源继承了一种先前出版的
资源。

元素修饰词的著录内容:著录继承前的相关资源。一般用字符串
或其他数字代码标识。

注释:先前出版的资源一般独立存在。元数据应用单位可根据具
体应用采用其他编码体系修饰词。

编码体系修饰词:URI,ISSN,DOI

规范文档:URI,ISSN,DOI

必备性:可选

可重复性:可重复

著录范例:

继承:0307 – 5273

规范文档:ISSN

5.12.4 被继承

名称:is continued by

标签:被继承

定义:说明所描述的电子连续性资源被另一种后续出版的资源所继承。

元素修饰词的著录内容:著录继承的后续资源。一般用字符串或其他数字代码标识。

注释:继承后的资源一般独立存在。元数据应用单位可根据具体应用采用其他编码体系修饰词。

编码体系修饰词:URI,ISSN,DOI

规范文档:URI,ISSN,DOI

必备性:可选

可重复性:可重复

著录范例:

被继承:0308－4140

规范文档:ISSN

5.12.5 吸收

名称:absorbs

标签:吸收

定义:说明此电子连续性资源吸收了其他资源,并保留了其自己的题名和编号系统。

元素修饰词的著录内容:著录被吸收的资源。一般用字符串或其他数字代码标识。

注释:被吸收的资源一般独立存在。元数据应用单位可根据具体应用采用其他编码体系修饰词。

编码体系修饰词:URI,ISSN,DOI

规范文档:URI,ISSN,DOI

必备性:可选

可重复性:可重复

著录范例:

    吸收:0365 – 4915

    规范文档:ISSN

5.12.6 被吸收

名称:is absorbed by

标签:被吸收

定义:说明此电子连续性资源被另一种连续性资源吸收。

元素修饰词的著录内容:著录吸收的资源。一般用字符串或其他数字代码标识。

注释:吸收此电子连续性资源的连续性资源一般独立存在。元数据应用单位可根据具体应用采用其他编码体系修饰词。

编码体系修饰词:URI,ISSN,DOI

规范文档:URI,ISSN,DOI

必备性:可选

可重复性:可重复

著录范例:

    被吸收:0307 – 7667

    规范文档:ISSN

5.12.7 合并

名称:merge of

标签:合并

定义:说明此电子连续性资源是由两种或更多的先前出版的资源合并而成的。

元素修饰词的著录内容:著录被合并的相关资源。一般用字符串或其他数字代码标识。

注释:

1)被合并资源一般独立存在。

2)元数据应用单位可根据具体应用采用其他编码体系修饰词。

3)有多个被合并资源时,重复本元素修饰词。

编码体系修饰词:URI,ISSN,DOI

规范文档:URI,ISSN,DOI

必备性:可选

可重复性:可重复

著录范例:

合并:0365 - 8740

合并:0365 - 8929

规范文档:ISSN

5.12.8 与……合并

名称:is merged with

标签:与……合并

定义:说明此电子连续性资源已经与一种或更多的其他连续性资源合并形成一种新的连续性资源。

元素修饰词的著录内容:著录其他参与合并的连续性资源。一般用字符串或其他数字代码标识。

注释:

1)参与合并的连续性资源一般独立存在。

2)元数据应用单位可根据具体应用采用其他编码体系修饰词。

编码体系修饰词:URI,ISSN,DOI

规范文档:URI,ISSN,DOI

必备性:可选

可重复性:可重复

著录范例:

与······合并:0524 – 5133

规范文档:ISSN

5.12.9　分解成

名称:split into

标签:分解成

定义:说明此电子连续性资源分解成两种或更多连续性资源。

元素修饰词的著录内容:著录分解后的连续性资源。一般用字符串或其他数字代码标识。

注释:

　　1)分解后的连续性资源一般独立存在。

　　2)元数据应用单位可根据具体应用采用其他编码体系修饰词。

　　3)有多个分解后的资源时,重复本元素修饰词。

编码体系修饰词:URI,ISSN,DOI

规范文档:URI,ISSN,DOI

必备性:可选

可重复性:可重复

著录范例:

　　分解成:0300 – 9629

　　分解成:0305 – 0491

　　规范文档:ISSN

5.12.10　分解自

名称:is separated from

标签:分解自

定义:说明此电子连续性资源是由另一种连续性资源分解出的。

元素修饰词的著录内容:著录被分解的连续性资源。一般用字符串或其他数字代码标识。

注释:被分解的连续性资源一般独立存在。元数据应用单位可根据具体应用采用其他编码体系修饰词。

编码体系修饰词:URI,ISSN,DOI

规范文档:URI,ISSN,DOI

必备性:可选

可重复性:可重复

著录范例:

分解自:0356-0686

规范文档:ISSN

5.12.11　其他版本

名称:has version

标签:其他版本

定义:说明另一资源是此电子连续性资源的不同版本。

元素修饰词的著录内容:著录其他版本的相关资源。一般用字符串或其他数字代码标识。

注释:其他版本资源一般独立存在。元数据应用单位可根据具体应用采用其他编码体系修饰词。

编码体系修饰词:URI,ISSN,DOI

规范文档:URI,ISSN,DOI

必备性:可选

可重复性:可重复

著录范例:

其他版本:http://www.manu.edu.mk/bjmg/electronic_library.htm

规范文档:URI

5.12.12　原版本

名称:is version of

标签:原版本

定义:说明另一资源是此电子连续性资源的原版本。

元素修饰词的著录内容:著录原版本资源。一般用字符串或其他数字代码标识。

注释:原版本的资源一般独立存在。元数据应用单位可根据具体应用采用其他编码体系修饰词。

编码体系修饰词:URI,ISSN,DOI

规范文档:URI,ISSN,DOI

必备性:可选

可重复性:可重复

著录范例:

原版本:http://www.bjmg.edu.mk/

规范文档:URI

5.12.13 参照

名称:references

标签:参照

定义:描述电子连续性资源参照、引用或以其他方式指向另一资源。

元素修饰词的著录内容:著录被参照的其他资源。一般用字符串或其他数字代码标识。

注释:被参照资源一般独立存在。元数据应用单位可采用其他编码体系修饰词。

编码体系修饰词:URI,ISSN,DOI

规范文档:URI,ISSN,DOI

必备性:可选

可重复性:可重复

著录范例:

参照:http://mbe.oxfordjournals.org/

规范文档:URI

5.12.14 被参照

名称:is referenced by

标签:被参照

定义:说明另一资源参照、引用或以其他方式指向此电子连续性
资源。

元素修饰词的著录内容:著录参照此资源的其他资源。一般用字
符串或其他数字代码标识。

注释:参照资源一般独立存在。元数据应用单位可采用其他编码
体系修饰词。

编码体系修饰词:URI,ISSN,DOI

规范文档:URI,ISSN,DOI

必备性:可选

可重复性:可重复

著录范例:

被参照:http://sysbio.oxfordjournals.org/

规范文档:URI

5.12.15 其他格式

名称:has format

标签:其他格式

定义:描述另一资源派生自此电子连续性资源,且内容完全相同,
仅以不同的格式存在。

元素修饰词的著录内容:著录其他格式的相关资源。一般用字符
串或其他数字代码标识。

注释:其他格式资源一般独立存在。元数据应用单位可采用其他
编码体系修饰词。

编码体系修饰词:URI,ISSN,DOI

规范文档:URI,ISSN,DOI

必备性:可选

可重复性:可重复

著录范例:

其他格式:http://chinesesites. library. ingentaconnect. com/content/0737 – 4038

规范文档:URI

5.12.16 原格式

名称:is format of

标签:原格式

定义:描述此电子连续性资源派生于另一资源,且内容完全相同,仅以不同的格式存在。

元素修饰词的著录内容:著录原格式的相关资源。一般用字符串或其他数字代码标识。

注释:原格式资源一般独立存在。元数据应用单位可采用其他编码体系修饰词。

编码体系修饰词:URI,ISSN,DOI

规范文档:URI,ISSN,DOI

必备性:可选

可重复性:可重复

著录范例:

原格式:http://afraf. oxfordjournals. org/

规范文档:URI

5.13 来源

名称:source

标签:来源

定义:当前电子连续性资源来源或所属集合的描述。

元素的著录内容:著录电子连续性资源的出处信息,当前电子连续性资源可以是来源的全部或一部分。

注释:

1)著录电子连续性资源来源或收录连续性出版物资源集合

的名称,一般为数据库名称。

2)若有多个来源,则全部著录,重复本元素。

3)当前资源可能部分或全部源自该元素所标识的资源,建议对这一资源的标识采用一个符合正式标识系统的字符串及数字组合。

编码体系修饰词:URI,DOI

必备性:可选

可重复性:可重复

著录范例:

例1　来源:万方数据库

例2　来源:ACM Digital Library

5.14　权限

名称:rights

标签:权限

定义:电子连续性资源本身所有的或被赋予的权限信息。

元素的著录内容:著录电子连续性资源的版权信息及其相关使用访问权限信息。

注释:

1)不同的权限可重复本元素。

2)可冠以说明权限类型的引导语,如"授权声明"。

元素修饰词:版权拥有者(rights holder),使用权限(access rights)

必备性:有则必备

可重复性:可重复

著录范例:

例1　权限:版权拥有者:中国知网

例2　权限:使用权限:国家图书馆

5.14.1 版权拥有者

名称:rights holder

标签:版权拥有者

定义:拥有电子连续性资源的个体或机构的名称。

元素修饰词的著录内容:著录电子连续性资源版权拥有者的名称,可以是个体或机构的名称。

必备性:有则必备

可重复性:可重复

著录范例:

版权拥有者:中国知网

5.14.2 使用权限

名称:access rights

标签:使用权限

定义:授权使用电子连续性资源的个人、机构及所授访问使用权限信息。

元素修饰词的著录内容:著录授权使用电子连续性资源的个人与机构,以及说明资源的使用访问条件与政策。

必备性:有则必备

可重复性:可重复

著录范例:

例1　使用权限:国家图书馆

例2　使用权限:中国科学院文献情报中心

5.15　出版频率

名称:publishing frequency

标签:出版频率

定义:电子连续性出版物出版的时间间隔。

元素的著录内容:著录电子连续性出版物出版的时间间隔,建议编制出版频率代码表作为著录参考。

注释：

1）出版频率的变更可在附注项中说明之。

2）建议编制出版频率代码表作为著录参考。

3）若为不定期出版，则著录为"不定期"。

必备性：必备

可重复性：可重复

著录范例：

例1　出版频率：Bimonthly

例2　出版频率：Weekly

5.16　馆藏信息

名称：location

标签：馆藏信息

定义：记录电子连续性资源的馆藏存放位置，包括物理地址和URL地址等。

元素的著录内容：著录电子连续性资源的馆藏存放位置，包括物理地址和URL地址等。

注释：

1）著录资源载体光盘所在馆藏地址时可参考图书等资源著录时所采用的馆藏机构代码。

2）电子连续性期刊所在数据库平台的在线存储/访问地址，如果能够直接访问到期刊信息页面则著录该页面的URL地址；如果没有，则著录该期刊来源数据库的平台访问地址；如果期刊被多个数据库收录，则依次著录各个数据库下的期刊访问地址。

3）如果电子连续性资源各部分有不同的来源，需要著录多个馆藏信息，则重复该字段即可。

元素修饰词:馆藏范围(holding)

必备性:有则必备

可重复性:可重复

著录范例:

例1 馆藏信息:国家图书馆典藏阅览室(附注:CD 光盘)

例2 馆藏信息:http://portal. acm. org/citation. cfm? id = 1963190&picked = Prox & CFID = 27542873&CFTOKEN = 41592433

馆藏范围

名称:holding

标签:馆藏范围

定义:电子连续性出版物馆藏范围,包括完整的按年度顺序逐年累加的编年号、卷号、期号和专辑的名称等。

元素的著录内容:著录馆藏电子连续出版物的编年号、卷号、期号和专辑的名称等。

注释:

1)著录馆藏电子连续出版物的卷编号、期编号和出版日期。

2)著录馆藏电子连续出版物的辑信息,如单本会议录的题名。

3)两卷或更多卷合并出版时用斜线连接起止卷,斜线前后不空格。

4)卷编号或期编号以罗马数字或其他方式表示时,一律用阿拉伯数字填写。

5)卷编号或期编号中有字母或其他成分要照录。

6)出版日期按照 W3C – DTF 规则著录。

必备性:有则必备

可重复性：可重复
著录范例：
    馆藏范围：Vol. 13 , No. 3 ,2010
    馆藏范围：Vol. 27 , No. 1 ,2011

附录 A
著录样例

A.1 西文电子期刊

题名:Journal of Electron Spectroscopy and Related Phenomena
创建者:W. Eberhardt
创建者:A. P. Hitchcock
创建者:N. Kosugi
主题:
分类号:O43
主题词:电子光谱
主题词:物理学
描述:

The Journal of Electron Spectroscopy and Related Phenomena publishes experimental, theoretical and applied work in the field of electron spectroscopy and electronic structure, involving techniques which use high energy photons (>10 eV) or electrons as probes or detected particles in the investigation.

The journal encourages contributions in the general area of atomic, molecular, ionic, liquid and solid state spectroscopy carried out using electron impact, synchrotron radiation (including free electron lasers) and short wavelength lasers. Papers using photoemission and other techniques, in which synchrotron radiation, Free Electron Lasers, laboratory lasers or other sources of ionizing radiation, combined with electron velocity analysis are especially welcome. The materials properties addressed include characterization of ground and excited state properties as well as time resolved electron dynamics.

The individual techniques of electron spectroscopy include photoelectron spectroscopy of both outer and inner shells; inverse photoemission; spin-polarised photoemission; time resolved 2-photon photoemission, resonant and non-resonant Auger spectroscopy including ion neutralization studies; edge techniques (EXAFS, NEXAFS...), resonant and non-resonant inelastic X-ray scattering (RIXS), spectro-microscopy, high resolution electron energy loss spectroscopy; electron scattering and resonance electron capture; electron spectroscopy in conjunction with microscopy; penning ionization spectroscopy including scanning tunneling spectroscopy; theoretical treatments of the photoemission, X-ray emission, Auger, energy loss and Penning ionization processes. Contributions on instrumentation and technique development, date acquisition -analysis-quantification are also welcome.

Subject areas covered include spectroscopic characterization of materials and processes concerning:

– surfaces, interfaces, and thin films;

– atomic and molecular physics, clusters;

– semiconductor physics and chemistry;

– materials for photovoltaics;

– materials science including: metal surfaces, nanoparticles, ceramics, strongly correlated systems, polymers, biomaterials and other organic films;

– catalysis

出版者:Elsevier Scientific Pub. Co.

出版地：Amsterdam，Netherlands

日期：

开始日期：1973

类型：电子期刊

标识符：ISSN：0368 - 2048

语种：eng

出版周期：Monthly

来源：ScienceDirect

格式：application/pdf

资源载体：web

馆藏信息：http://www.sciencedirect.com/science/journal/03682048

馆藏范围：Vol. 180，2010

馆藏范围：Vol. 178，2010

A.2　中文电子期刊

题名：煤炭学报

其他题名：Journal of China Coal Society

创建者：中国煤炭学会

责任方式：主办

主题：

分类号：TD0

分类号：81

描述：

主要刊载煤田地质与勘探、煤矿开采、矿山测量、矿井建设、煤矿安全、煤矿机械工程、煤矿电气工程、煤炭加工利用、煤矿环境保护等方面的科学研究成果论著和学术论文，以及煤矿生产建设、企业管理经验的理论总结，也刊载重要学术问题的讨论及国内外煤炭科学技术方面的学术活动简讯。

出版者:《煤炭学报》编辑部

出版地:北京

日期:

开始日期:1964 – 03

类型:电子期刊

标识符:ISSN:0253 – 9993

语种:chi

语种:eng

出版频率:月刊

来源:维普中文科技期刊数据库

格式:application/pdf

资源载体:WEB

权限:

版权拥有者:维普资讯

使用权限:国家图书馆

馆藏信息:http://159.226.100.28/cstj/sear.dll? OPAC? ISSN =

0253 – 9993&KM = 煤炭学报

馆藏范围:Issue.1,2009

馆藏范围:Issue.2,2009

馆藏范围:Issue.3,2009

馆藏范围:Issue.4,2009

参考文献

［1］ Dubin Core Metadata Initiative. DCMI Metadata Terms. ［2009 – 11 –01］. http://dublincore. org/documents/dcmi-terms

［2］ MODS：Metadata Object Description Schema. ［2009 – 12 – 10］. http://www. loc. gov/standards/mods/mods-outline. html

［3］ Standing Committee of the IFLA Cataloguing Section. ISBD：International Standard Bibliographic Description：Consolidated Edition. Walter de Gruyter & Co；Consolidated, 2011

［4］ 国家图书馆专门元数据项目组. 国家图书馆核心元数据标准著录规则（提交稿）,2010

［5］ 国家图书馆专门元数据项目组. 国家图书馆专门元数据设计规范（提交稿）,2010

［6］ 国家图书馆管理元数据项目组. 国家图书馆管理元数据规范（最终稿1. 0 版本）,2009

［7］ 国家图书馆核心元数据项目组. 国家图书馆核心元数据标准（提交稿）,2010

［8］ 国家图书馆数字资源唯一标识符项目组. 国家图书馆唯一标识符规范（征求意见稿）,2008

后　记

　　本书是以"国家图书馆专门元数据标准与著录规范——电子连续性资源"项目成果为基础编写而成,是为了满足图书馆对电子连续性资源的描述、定位、揭示及管理需求,旨在为数字时代电子连续性资源的规范化描述和管理提供应用指南。

　　2009 年 7 月,中国科学院文献情报中心承接了"国家图书馆专门元数据标准与著录规范——电子连续性资源"项目的建设任务,组建了以张建勇研究馆员为组长,由刘峥(中科院)、廖凤、曾燕、邱玉婷等同志组成的项目组。同时,国家图书馆为了保证项目的完成质量,也成立专门的工作团队配合项目组工作,团队成员有梁蕙玮、萨蕾、王洋、刘峥(国图)、刘小玲、曹宁、贺燕、槐燕、李成文、孟丽娟等同志。在此后的项目研究过程中,项目组调研分析了当前世界范围内比较有代表性的电子连续性资源的相关元数据标准规范,如图书馆机读目录格式(MARC)、在 MARC 基础上开发出的 MODS,FRBR 和 RDA 的部分内容;参考了我国科技部科技基础研究重大科技专项"我国数字图书馆标准规范研究"子项目"专门数字对象元数据标准规范研究"的研制成果等。项目组对国家图书馆的电子连续性资源的元数据需求进行了实地调研,与国家图书馆的工作团队进行深入讨论,进一步明确了国家图书馆电子连续性资源描述的需求,满足国家图书馆在数字图书馆建设中对电子连续性资源的描述、检索、保存、管理和利用。同时充分考虑元数据创建者需求、元数据管理者需求、元数据使用者需求及电子连续性资源对象的特性,在其间做最佳平衡和组配,可以满足使用者各方、各层次的需求,具备较广泛的适用性和可操作性。

2009 年 10 月 20 日,电子连续性资源元数据项目组向国家图书馆提交了《电子连续性资源元数据规范》征求意见稿。其后,与国图工作组经过多次意见征询,项目组进行了十余次的文稿修改,特别是根据《国家图书馆核心元数据标准》和《专门元数据设计规范》全面修改了文稿并通过了国家图书馆工作组的认可。2012 年 6 月 27 日,项目通过馆内专家组验收;2012 年 9 月 20 日至 10 月 4 日,完成了项目成果的网站公开质询;2012 年 11 月 27 日,项目通过国内业界专家验收。

在规范的研制过程中,得到了国家图书馆富平研究馆员、顾犇研究馆员、王志庚研究馆员、毛雅君副研究馆员、杨东波高级工程师等专家、同仁的帮助与支持,也得到清华大学图书馆姜爱蓉教授、中国科学技术信息研究所曾建勋研究员、北京师范大学信息管理系耿骞教授、中国科学技术信息研究所沈玉兰研究员、中国社科院图书馆蒋颖研究馆员、北京大学信息管理系王继明副教授等的多方帮助,在此致以诚挚的谢意。

希望本书一方面在国家图书馆或更广泛的业界应用中起到应有的作用,另一方面可以充实我国元数据标准规范体系并成为其他元数据规范研制的参考。

编者
2014 年 9 月